Mike Peyton

. . . und sowas nennt man Segeln

Der Engländer Mike Peyton hat sich als Fachjournalist und Illustrator bei der internationalen Yachtpresse einen Namen gemacht. Vor allem seine unnachahmlichen Cartoons sind weit über die eigenen Landesgrenzen hinaus bekannt geworden und werden heute von vielen Wassersport-Zeitschriften veröffentlicht. Die Ideen für seine nautischen Satiren sammelt er beim Segeln mit seiner 38-Fuß-Ketsch „Touchstone". In den Sommermonaten heuert er auch Chartergäste an, die – weil oftmals unerfahren – manchen nautischen Fauxpas begehen und damit Stoff für die Karikaturen liefern.

Mike Peyton

...und söwas nennt man Segeln

Cartoons zu keinem reinen Vergnügen

Delius, Klasing & Co, Bielefeld

Titel der englischen Originalausgabe
THEY CALL IT SAILING

First published in Great Britain by
Nautical Books
Macmillan London Ltd.

Aus dem Englischen übertragen:
Harald Schwarzlose

ISBN: 3-7688-0407-0

Die Rechte für die deutsche Ausgabe liegen
beim Verlag Delius, Klasing & Co, Bielefeld
Gesamtherstellung: Franz Spiegel Buch GmbH, Ulm
Printed in Germany 1982

Inhalt

Einleitung

Nachdem bereits vier Cartoon-Bücher mit meinen Zeichnungen erschienen sind, ist manchem versponnenen Freizeitkapitän klargeworden, daß er offensichtlich mit der Wahl seines Hobbys einen Fehler gemacht hat. Es gibt nichts Unbequemeres und Ungemütlicheres, als mit einem Boot zu reisen. Zum Glück haben sich viele einsichtige Skipper inzwischen einer angenehmeren Freizeitbeschäftigung zugewandt, wie Skat- und Billardspielen, Briefmarkensammeln oder – wenn es doch ein Wassersport sein mußte – Angeln! Genau diese Erkenntnis habe ich mit meinen Cartoons bezweckt.
Der Erfolg ermuntert mich, die letzten, noch nicht bekehrten Bootsnarren von der Unsinnigkeit ihres Engagements zu überzeugen. So warnt auch mein fünftes Buch mit unübersehbarer Deutlichkeit vor Strandung, Schiffbruch, nautischem Fehlverhalten und der Demoralisierung des Möchtegern-Seemannes in unserer Gesellschaft. Ich gebe zu, daß es für mich bedrückend ist, alle diese schlimmen Dinge aufzuzeichnen, aber letztlich kann ich damit beweisen, daß ich persönlich nicht zu meinem Vergnügen, sondern für eine wichtige Mission segele.
Zum Glück sind auch meine Verleger nach wie vor von der Notwendigkeit dieser Aufgabe überzeugt und ermöglichten mir durch die Veröffentlichung dieses neuen Buches die Fortsetzung meiner Warnungen vor einem Leben auf dem Wasser, das den Charakter eines Menschen zutiefst verändern kann.

Seglers Alltag

(ohne Worte)

„Immer dasselbe beim gemeinsamen Ansegeln!"

„Glück muß der Mensch haben. Sieh mal, was ich am Strand gefunden habe.“

„Welche Flagge? Für mich bedeutet sie: Wir fischen im Duett und sind scharf darauf, Segler zu fangen."

„Ich hab's: Blau und Weiß bedeutet: Nein!"

„Sag' bloß noch mal, Segeln wär' familienfreundlich . . .!"

„Halt' senkrecht – es ist heiß!"

„Im Moment wär' mir lieber, ich hätte die Steuerrückzahlung für eine Rettungsinsel statt für einen Spinnaker ausgegeben."

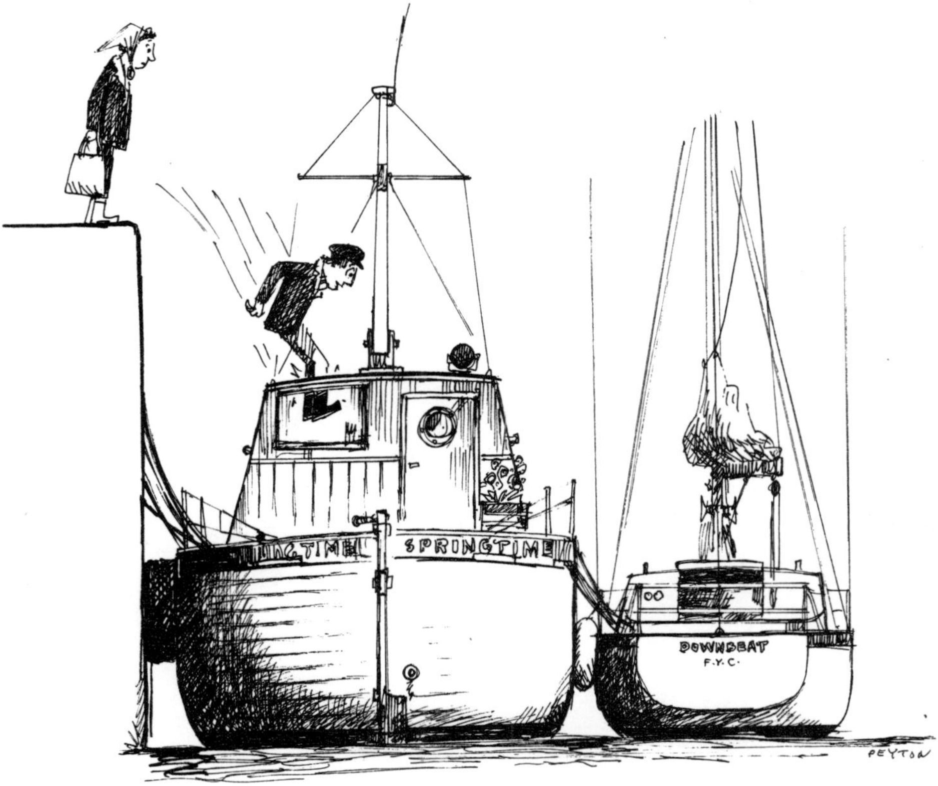

„Und ob das hält!“

„Der Nebel wird deutlich dicker, Käpt'n . . .“

„Ich weiß, du bist froh, mal von deiner Alten wegzukommen. Aber so schlimm wie dies hier ist sie wohl doch nicht, oder?“

„Van de Velde, Segler im Sturm vor Ostende."

„Ich sage dir, nichts ändert das Wetter schneller als Bootsleute, die nach Hause fahren."

„Mußtest du ihm die Fockschot rüberwerfen?“

Immer korrekt

(ohne Worte)

„*Backbordbug!!!*“

„Navigator, geben Sie mir bitte die Segelanweisungen."

„Immer auf Nummer Sicher und am Heck vorbei!"

„Die Ergebnislisten hängen schon aus, Ted, eventuell sind wir doch die letzten!"

„Das war unser Schuß – scheinen ein bißchen sauer zu sein, daß sie so lange warten mußten."

„Hör' auf zu pfeifen! Das bringt Unglück!"

(ohne Worte)

„Wieso die falsche Wendemarke? Navigator!!!“

„Manchmal meine ich, ich wäre doch lieber Fahrtensegler."

„Das wird nichts, Kalle, das ist der Typ, den wir letzte Woche rausprotestiert haben!“

„Wir sitzen auf! Los, außenbords und schieben!!! Geschafft! Dicht die Schoten und weiter geht's . . .“

Ah, die Franzosen!

„Paß auf, Claude!"

„Ich hab' schon gehört, wie Sie ‚Raum!' gerufen haben. Aber leider haben Sie nicht gehört, wie ich geschrien habe: Sitze auf Grund! . . ."

„Ich bin zweimal um die Welt gesegelt, aber während der Ferien scheint es mir in den französischen Gewässern zu gefährlich."

(ohne Worte)

„Es ist mir total egal, ob es genauso wie auf einem Wasserbett ist . . .“

„Jung müßte man sein, Henri . . .“

(ohne Worte)

„Sicher ist sicher – bei deinen Navigationskünsten!“

An Land

„Und ich sage dir, er schwimmt im Geld."

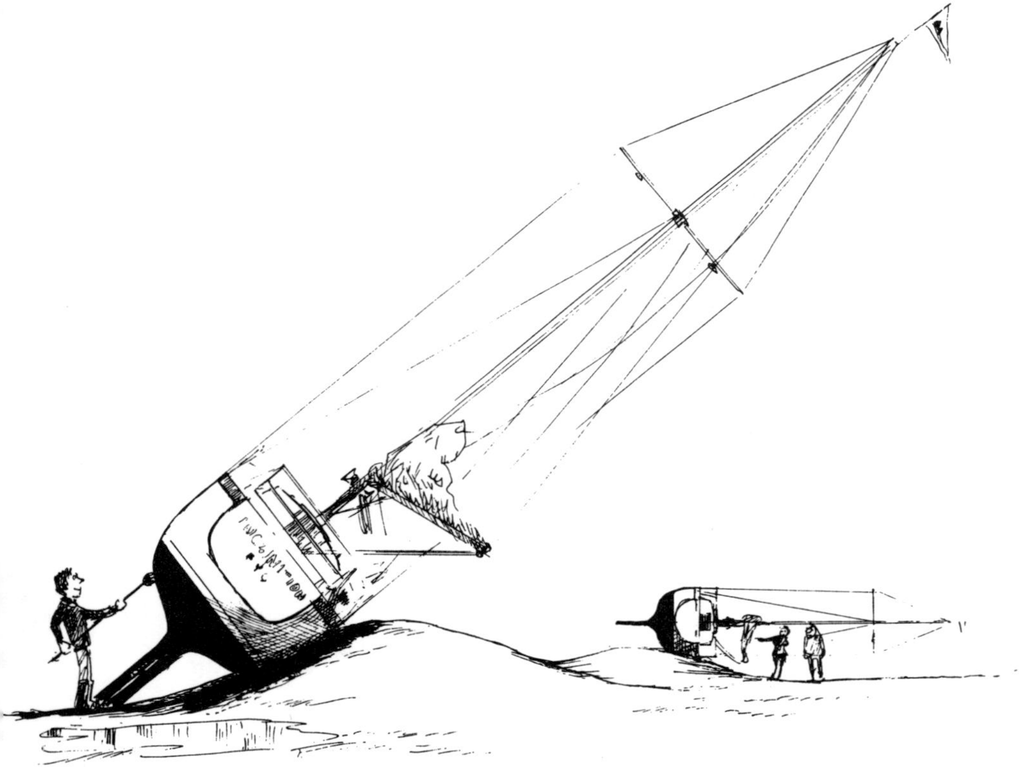

„Komisch, von Trockenfallen ist bei ihm nie die Rede."

„Und bei Hochwasser war das so 'ne schöne Lücke!!!"

„Wir können nicht auslaufen? Sie werden's erleben!"

(ohne Worte)

„Nichts einzuwenden gegen das Festmachen.
Aber die Schwerkraft . . .“

(ohne Worte)

„Das sag' ich dir: Wenn wir die Richtbaken nicht bald runternehmen, dann sind wir bald nicht mehr da!"

„Ich habe es nun zum x-tenmal gecheckt, aber bis wir Niedrigwasser haben, sind es noch zwei Stunden."

„Die Skipper solcher alten Pötte werden's schon wissen: Wo die ankern, ist es auch für uns gut!"

Lauter Meister

„Und wenn du die Streichhölzer hast, frag' ihn nebenbei, wie der Leuchtturm heißt."

„Halt' endlich den Mund! Navigation ist, wenn man trotzdem ankommt!"

„Genau das, was das Handbuch sagt: ein unruhiger kleiner Ankerplatz bei Wind aus 223 bis 182°."

„Keine Aufregung! Wir bleiben auf eineinhalb Meter Wassertiefe und folgen der Küste."

„Spitztonne! Richtig! Fier' auf und ab!“

„Aber wo? Alderney, Guernsey oder Jersey?“

(ohne Worte)

„Spar' dir deine dummen Bemerkungen. Bei der Beleuchtung an Bord finde ich mich auf der Karte nicht zurecht!"

„Und wenn wir nach deiner Navigation zehnmal nicht an der Tonne ‚West Crunch' sein können – sie ist es!"

„Alles klar, wir sind noch im Fahrwasser – Steuerbord voraus liegt ein Boot vor Anker!"

Endlich wieder zurück

„Ausladen? Kein Problem, wenn du dein Auto direkt auf der Slipbahn parkst . . .“

„Sie mal, das ist das nette Ehepaar, das wir in Cherbourg getroffen haben."

„In sechs Stunden läuft's wieder auf, Käpt'n."

„Da ist der Idiot, der uns gerammt hat!!!“

„Für mich würdest du bei diesem Wetter keine achtzig Kilometer fahren, um mal eben meinen Rücken zu tätscheln!“

„Es ist nur vorübergehend. Für nächstes Jahr ist mir ein Wasserliegeplatz zugesagt."

(ohne Worte)

„Sie werden entschuldigen, aber ich hörte eben, daß Sie auch eine Swan segeln!"

„Besten Dank für das schöne Wochenende."

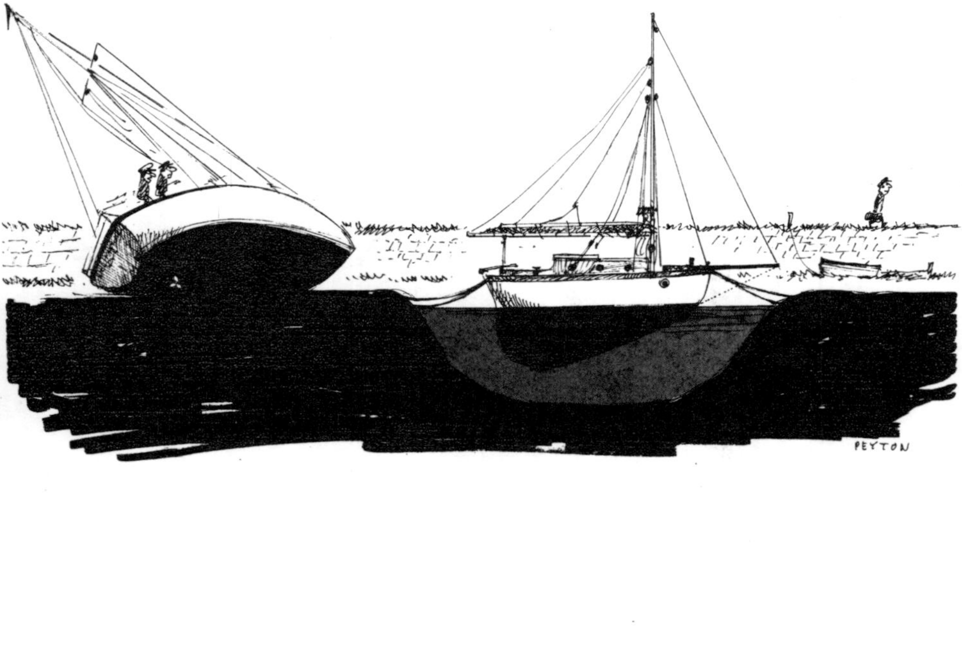

„Du hattest recht: Er ist hier zu Hause."

„. . . und haben Sie noch andere Interessen?"

„Er läuft!"

*„Natürlich gibt es Schöneres als Mennige streichen.
Aber das ist dauerhafter."*

„Vonwegen: Neben uns liegen Sie wie in Abrahams Schoß . . .“

„Noch mal hoch, Karl."

„Da sind noch'n paar Rechnungen offen, aber wenn wir erst mal weg sind . . .“

Was nicht alles passiert

(ohne Worte)

„Ein Mist mit dem Wetter, was, Skip? Hätten fix was schaffen können an diesem Wochenende."

„Beim zweiten Mal kommt er meistens."

„Nettes Lüftchen zum Segeln, Schatz!“

„. . . Sie hörten den Seewetterbericht."

„Ich hab' dich gewarnt, es am Achterstag festzumachen!"

„So gefährlich ist die Barre nun auch wieder nicht, wie es im Handbuch steht."

„Bist du bald fertig?!!“

(ohne Worte)

„Klar zum Wenden – Ree!“

„Bleib' auf diesem Bug, Peter, bis ich die Suppe serviert habe."

(ohne Worte)

„Das machen sie öfters. Ich weiß auch nicht, warum!“

„Mein Schiff ist gesund, Leute."

„Robert, old Boy! Welche Überraschung!“

„Die Küstenwache sagt, mit unserem Vorsegel sei was nicht in Ordnung.“

„Keine Aufregung! Niemand wird so verrückt sein, bei diesem Nebel zu segeln . . . “